AF619395

DU GOUVERNEMENT ÉLECTIF, ET DU GOUVERNEMENT HÉRÉDITAIRE.

A PARIS,

Chez Cussac, Imprimeur-Libraire, rue Croix-des-Petits-Champs, n°. 33.

Petit, Libraire, Palais du Tribunat, galerie vitrée, N°. 229.

An XII — 1804.

AVANT-PROPOS.

Les Observations qu'on va lire étoient depuis six mois dans mon porte-feuille; j'avois pensé que l'opinion publique disoit beaucoup mieux que moi, et je n'avois rien publié : aujourd'hui je les publie, non point comme une vérité qui a besoin d'être démontrée, mais comme l'expression de ma volonté individuelle; ma pensée sur le sujet qui occupe la Nation, est d'autant plus franche qu'elle est désintéressée. Sans ambition personnelle, et vivant dans l'obscurité, je ne forme des vœux que pour le bonheur de mon Païs ; et jamais les espérances des gens de bien ne seront mieux fondées.

DU GOUVERNEMENT ELECTIF, ET DU GOUVERNEMENT HÉRÉDITAIRE.

Une erreur grave s'étoit accréditée parmi les publicistes, et c'est à elle peut-être que nous devons la révolution ; on a cru long-temps qu'on pouvoit changer à son gré les mœurs politiques des peuples, et dénaturer, par des réglemens improvisés, des institutions fondamentales. On ne vouloit pas voir que les formes des sociétés remontent à une origine obscure et lointaine ; elles naquirent avant la date de la philosophie, et l'instinct y eut plus de part que les spéculations ; les constitutions sont, il est vrai, le produit de l'action des hommes, mais jamais le résultat des desseins formés par eux. On ne voit, dit Fergusson, aucune constitution qui ait été formée par un concert unanime, aucun gouvernement copié d'après un plan; les lois fondamentales des Etats sont le produit des localités, des habitudes, des circonstances particulières à une nation; c'est le temps qui les prépare, qui les sanctionne; un gouvernement qui convient à un peuple ne convient pas toujours à un autre, et le temps ne respecte jamais les lois qu'on a faites sans lui.

Dans la révolution, les lois se sont trouvées tout-à-coup en opposition avec les coutumes et les mœurs; elles n'étoient point par conséquent l'expression de la volonté générale, car les mœurs et les coutumes sont la volonté des peuples. On étoit parvenu à renverser un gouvernement, mais on ne put jamais en établir un autre. La République fut décrétée, mais on ne la trouvoit nulle part. La terreur qu'on avoit proclamée en même-temps, prouvoit assez que les réglemens adoptés par un parti, étoient repoussés par la volonté publique. Une constitution remplaça le gouvernement révolutionnaire, mais elle n'avoit point la sanction des mœurs, elle ne pouvoit avoir ni consistance ni durée; *la violer pour la maintenir*, et la *maintenir pour la violer*, voilà l'histoire de cette constitution qu'on recommandoit déjà à la postérité, et qui n'a duré qu'un moment. Comme elle n'étoit point interprêtée par l'opinion publique, elle le fut par l'esprit de parti; le sort de l'empire dépendit souvent d'un pamphlet, ou d'un discours à la tribune; la France ne fut plus gouvernée que par les factions et par les journaux. Tous les ans, tous les six mois, le peuple étoit troublé par les élections; au milieu du tumulte, chaque parti nommoit ses chefs les plus exagérés, et leur réunion dans le sein de l'Etat, y entretenoit une guerre continuelle; l'esprit de contradiction et d'instabilité se manifestoit dans toutes les lois, et chaque jour avoit sa législation nouvelle. Ceux qui paroissoient un moment à la tête des affaires, dépourvus de tout moyen d'établir la confiance, se trouvoient obligés d'employer des mesures violentes, et la violence, il faut le dire, tenoit plus à leur situation qu'à leur volonté. Les armées, il est vrai, se couvroient de gloire, mais leurs succès faisoient plus respecter la République au dehors qu'au dedans. En un mot, cette République, toujours si glorieusement défendue, ne put jamais être raisonnablement gouvernée. La France avoit des héros, et point de législateurs, des soldats, et point de citoyens.

Tel étoit l'état de la France avant la révolution du 18 Brumaire ; on a loué Bonaparte d'avoir fait cette révolution, et j'ose dire, que ce n'est point lui qui l'a faite. Le gouvernement qui existoit alors ne pouvoit pas durer, il est tombé de lui-même ; et si Bonaparte à mérité en cette occasion l'amour et la reconnoissance des Français, ce n'est pas, comme on le dit, pour avoir renversé le Directoire, mais pour y avoir substitué une autorité dont les formes sont plus en harmonie avec les mœurs politiques de la nation.

C'est à l'aide de ces formes protectrices qu'il a pu faire tout le bien qu'il a fait. Il a fait reprendre à la France son crédit et sa prépondérance en Europe; il a rendu au peuple la liberté religieuse, qui est la seule à laquelle il ne renonce jamais ; aux citoyens la liberté civile; à la nation la liberté politique, en leur fixant des limites raisonnables et garant de leur durée. Il a rendu à tous la tranquillité et la paix; il a respecté les droits du peuple et les droits du malheur; tout le monde jouit des avantages attachés à la forme du gouvernement qu'il a choisie; mais le souvenir du passé, les attentats prémédités, entretiennent des inquiétudes qui ne sont que trop fondées. Nos institutions actuelles ne garantissent que le présent ; nous sommes toujours suspendus sur l'abyme; la France a moins un gouvernement qu'un chef chargé de la commission provisoire de la gouverner. Je sais que Bonaparte a le droit d'élire un successeur; mais ce droit d'élire un successeur n'a point rassuré l'opinion publique. Nous sommes encore sous le gouvernement électif, et l'Histoire, sur-tout celle de notre révolution, a dû nous apprendre que ce gouvernement est le plus dangereux de tous.

Dans les républiques, comme dans les monarchies, le système électif ne se soutient que par la brigue; la brigue amène des agitations, et lorsqu'il n'y a plus de brigue, la corruption s'établit, et elle-même entraîne la chûte de l'état. Les hommes ne peuvent s'accoutumer à l'autorité de ceux qu'ils ont vu leurs égaux, et le gouvernement est sans force morale. Les chefs ne font que passer, et ils s'en vont avant que la confiance ait eu le temps de s'établir. Ceux qui parviennent à l'autorité, sont disposés à la regarder comme une conquête, ou une bonne fortune dont il faut tirer parti; s'ils récompensent ceux qui ont contribué à leur élévation, ils ruinent le trésor public; s'ils les oublient, ils compromettent leur tranquillité et celle du peuple. L'autorité n'a jamais rien de fixe; par la raison qu'elle a commencé, on s'accoutume à l'idée qu'elle doit finir : on ne voit dans le gouvernement que l'homme qui gouverne; on conspire contre lui, parce qu'on est toujours soutenu par l'espérance que tout est renversé avec lui.

Ces inconvéniens sont pour tous les pays; mais il y en a de particuliers à la France, les choix du Peuple français, pendant la révolution, prouvent qu'il est moins fait qu'aucun autre pour le gouvernement électif : le caractère national ne connoît point de milieu entre l'enthousiasme et l'indifférence ; nous avons toujours préféré les talens agréables aux vertus sévères ; le Français se connoît mieux en hommes de goût qu'en hommes d'état ; les qualités nécessaires à l'homme qui gouverne ne sont pas toujours celles qui fixent son attention, et qui déterminent son choix. Notre territoire d'ailleurs est trop vaste, l'élection des chefs de l'Etat ne peut se faire sans secousses, sans guerres civiles ; et les victoires de nos armées, en reculant les limites de la France, semblent lui avoir prescrit la forme du gouvernement qui lui convient.

Dans le Gouvernement héréditaire, tout est réglé par les lois; tout y est fixé d'avance par des institutions prévoyantes; le Souverain peut y avoir des ennemis, mais il n'y a jamais de rivaux; comme le cas de la succession est toujours prévu, il ne vient à l'idée de personne de conspirer contre lui; on peut assassiner un homme, mais on n'assassine point une race ; l'autorité, qui n'est point contestée, a peu de rigueurs à exercer; le prince n'a rien à redouter de ses sujets, et les sujets n'ont rien à redouter du prince; sous cette forme de gouvernement, le Souverain est meilleur, et le Peuple plus heureux.

Il y a dans les principes du Gouvernement héréditaire, quelque chose qui tient de la modération. Il agit ordinairement dans le calme. « Dans cet état, dit Montesquieu, « les choses sont rarement portées à l'excès. « Les chefs craignent pour eux-mêmes, ils « ont peur d'être abandonnés; les puissances « intermédiaires dépendantes, ne veulent « pas que le peuple prenne trop le dessus. « Les séditieux qui n'ont ni la volonté, ni « l'espérance de renverser l'Etat, ne peuvent, « ni ne veulent renverser le prince ».

Non-seulement tout est plus calme dans cet état, mais la prospérité nationale y trouve plus de moyens d'accroissement. Il y a plus de suite dans les entreprises et dans l'esprit du Gouvernement, et c'est cet esprit de suite, qui élève, aggrandit et conserve les empires. Il est en politique de grandes choses qui ne peuvent être faites dans l'espace d'une génération; elles ont besoin d'être préparées et suivies long-temps; il faut donc en confier la direction à un Souverain qui ne meurt point.

Mais on ne veut pas, me dira-t-on, se confier au hasard de la naissance. L'expérience nous a prouvé que les hommes étoient souvent plus aveugles que le hasard. Il y a d'ailleurs dans l'autorité héréditaire quelque chose qui supplée à la capacité et à la bonté du prince. Tout s'y fait d'après l'esprit du gouvernement, et comme tout est préparé d'avance, il suffit de suivre la route tracée.

On ne manquera pas de m'objecter qu'on est moins libre sous cette forme de gouvernement; on a comparé la tranquillité dont on y jouit, au calme des tombeaux; on a longtemps répété cette phrase, et elle est vuide de sens. La tyrannie est toujours le produit des passions; le Gouvernement héréditaire est celui qui en a le moins : Un peuple qui est gouverné d'après ses mœurs, est toujours gouverné par sa propre volonté, et le Gouvernement héréditaire est conforme aux mœurs politiques du Peuple français. Cette forme de gouvernement, loin d'être contraire à la liberté, lui est favorable; sous la monarchie, ce sont les rois qui ont aboli la servitude, affranchi les villes et les provinces : l'autorité héréditaire étoit, en quelque sorte, un tribunal auquel les peuples en appelloient de l'oppression des grands.

Montesquieu observe que les anciens ne connoissoient point le Gouvernement héréditaire, tel que nous le connoissons aujourd'hui; il est le résultat des progrès de la civilisation; les déclamations des Grecs et des Romains ne peuvent donc point trouver ici d'application. Çette forme de gouvernement s'améliore tous les jours, et les Souverains de notre siècle sont évidemment meilleurs que ceux dont nous parlent les historiens.

Après ce parallèle, nous laissons aux lecteurs à décider entre les deux formes de gouvernement. Le gouvernement électif est toujours dans l'agitation, et le gouvernement héréditaire est toujours calme. L'un se maintient par les passions, et l'autre par l'habitude. Dans le premier cas, on ne trouve point de suite dans les affaires; dans le second, c'est toujours le même ordre de chose. Ici, tout se fait par l'esprit des hommes; et là, tout marche par l'esprit du gouvernement. Je ne doute point cependant que le gouvernement électif ne soit plus beau dans les livres, que le gouvernement héréditaire; car les orages politiques excitent la curiosité : le gouvernement héréditaire, dont la marche est plus uniforme, inspire peut-être moins d'intérêt dans l'histoire, mais il rend les hommes plus heureux; la postérité n'aura peut-être que trop à parler du temps où nous avons vécu.

Outre que le gouvernement électif ne convient pas à l'étendue de notre territoire; qu'il n'est point en harmonie avec le caractère national, son établissement entraîneroit encore de grands inconvéniens après une révolution comme la nôtre; toutes les passions ont été mises en mouvement, et l'autorité doit être plus puissante, plus fixe, plus stable, pour les comprimer. La France est dans la même situation que Rome, après les guerres civiles; et comme Rome, nous avons un Auguste; plus heureux cependant que les Romains, qui furent obligés de renoncer aux institutions de leurs pères, nous n'avons qu'à revenir aux lois sous lesquelles nous sommes nés, et que les sages de notre patrie nous ont laissées.

On sait qu'Octave, après avoir conquis l'empire, hésita un moment de le conserver. Agrippa lui conseilloit de rentrer dans le rang des citoyens. Mécènes qui connoissoit mieux l'esprit des Romains, et la situation des choses, ne fût point de l'avis d'Agrippa. Il présenta à Auguste les considérations du bien public. « Rome, lui dit-il, ne peut plus « choisir ses consuls; l'empire est trop étendu « pour être gouverné par plusieurs. Sylla a « établi la terreur pour conserver la Répu- « blique, il n'a pu y parvenir; Caton est « mort pour elle, et sa mort ne fût qu'un « héroïsme inutile. Il ne s'agit plus de sauver « la République, mais de sauver le peuple « Romain. Les factions sont abattues; l'uni- « vers est soumis; le peuple enfin respire « sous votre autorité; achevez votre ouvrage, « vous seul pouvez réparer nos maux, faire « fleurir les arts, faire triompher l'humanité; « conservez l'autorité suprême; c'est l'em- « pire qui vous le demande, car l'empire

« a plus besoin de vous, que vous n'avez
« besoin de l'empire ».

Auguste ne résista point à ces considérations, et il remplit les espérances de Mécènes et du peuple; il gouverna par les loix l'empire qu'il avoit acquis par les légions; du moment où il fut le plus puissant, il fut aussi le meilleur des Romains; il n'y eut plus de faction, tout le monde fut content, et Auguste trouva dans sa modération la sûreté de sa personne et de sa puissance; en quoi, certes, dit un écrivain, il eut un bonheur extraordinaire, n'y ayant rien dans la vie humaine de si heureux que de pourvoir suivre à la fois son inclination et son intérêt.

Auguste cependant ne songea point au gouvernement héréditaire. Cette forme de gouvernement, comme nous l'avons dit, n'étoit pas assez bien connue des anciens. L'autorité des empereurs fut incertaine et exercée avec violence; ils furent portés au trône impérial, tantôt par le choix de leurs prédécesseurs, tantôt par celui des légions; l'empire fut souvent troublé; il finit par être mis à l'encan, et il devint la proie des barbares.

La chûte de l'empire Romain est une leçon terrible, et la France doit se hâter d'en profiter. Bonaparte a fait pour la France ce que Auguste fit pour les Romains, mais il lui reste encore quelque chose à faire; l'hérédité seule peut prévenir les malheurs qui accablèrent et renversèrent la grandeur romaine, et nous assurer la durée des institutions salutaires qui ont sauvé la patrie.

Ce mode de succession est plus nécessaire encore pour la France, qu'il ne le fut pour l'empire d'Auguste : l'empire romain étoit le seul empire de l'univers; il n'avoit point de rapports à établir avec d'autres états : mais la France n'est qu'une partie de l'Europe; l'Europe est en quelque sorte une république fédérative, et tous les états qui la composent, doivent se gouverner par les mêmes loix. La France doit conserver ses rapports pour conserver sa puissance; elle ne doit pas s'isoler par la forme de son gouvernement. Tous les états de l'Europe sont gouvernés par le pouvoir héréditaire; tous ceux qui n'ont pas adopté cette forme, tels que la Suisse, Venise, la Pologne, ont disparu du rang des

Nations, ou sont à peine comptés au nombre des Puissances : c'est à cette forme de gouvernement que la France doit une grande partie de sa prospérité et de sa gloire; elle doit y revenir pour sa tranquillité comme pour son bonheur, et jamais elle n'aura des motifs plus pressans, une occasion plus heureuse.

Nous ne pouvons mieux faire que de rappeler, en finissant, les considérations de bien public que Mécènes fit valoir auprès d'Auguste : les conspirations renaissent sans cesse et menacent la tranquillité de tous; il s'agit de sauver le peuple Français et peut-être l'Europe. Bonaparte a entrepris cette tâche glorieuse, c'est à lui d'achever son ouvrage si heureusement commencé ; la patrie lui a donné la prérogative de nommer son successeur, mais cette prérogative n'est point un garant assez sûr pour l'avenir. Des factions peuvent s'élever après lui, et la violation des dernières volontés de Louis XIV est toujours présente à l'esprit des Français. Les empereurs avoient aussi le droit de nommer leurs successeurs ; Auguste prit le sien dans sa famille, et ce choix fut agréable aux armées, au peuple et au sénat; mais la paix fut bientôt troublée ; des rivalités s'élevèrent de toutes parts ; plusieurs des successeurs d'Auguste ne furent des monstres, que parce que les loix de succession étoient incertaines : elles laissèrent aux factions toutes leurs espérances. Le pouvoir qui ne reposoit point sur des institutions fixes fut contesté, tantôt par l'ambition, tantôt par la jalousie. Il fut exercé au milieu des troubles et des allarmes ; il fut exercé avec violence ; le peuple et le souverain furent également malheureux ; chaque général voulut être empereur, chaque armée voulut nommer le sien ; il y eut à la fois plusieurs empereurs, et il n'y eut plus d'empire.

Le droit d'élire son successeur est sans doute le plus beau privilège de celui qui gouverne ; mais il est effrayant pour ceux qui doivent venir après lui ; comme, dans ce cas, la volonté fait la loi, il arrive que chacun veut faire prévaloir la sienne ; la loi de l'état seule ne fait point naître de rivalités ; elle se montre toujours sans passions, et s'exprime toujours d'une manière positive et invariable; c'est donc à cette loi de l'état que Bonaparte doit confier l'avenir de la France ; il nous a délivré des factions qui ont long-temps troublé la tranquillité publique; il doit nous délivrer de celles qui pourroient la troubler encore ; il a fait le bonheur de son pays; ses contemporains sont heureux sous son règne, et nos enfans béniront sa mémoire; sa famille n'est point étrangère à ses bienfaits ; le peuple français se soumettra facilement aux héritiers de son nom; les dynasties s'établissent souvent par la crainte; la sienne sera fondée par la gloire, et conservée par la reconnoissance.

Cette grande mesure qui doit assurer la tranquillité publique, n'éprouvera aucun obstacle dans son exécution. Bonaparte a sa garantie dans l'amour des Français, et les Français ont la leur dans tout ce qu'il a fait pour eux. Il ne s'agit pas de proclamer des innovations, mais de revenir au sentiment de l'habitude. Je ne propose pas ici de faire un vain essai de politique, mais de reprendre des instiutions que l'expérience a consacrées: dans certaines choses, le peuple aime la nouveauté, mais pour ce qui regarde le gouvernement, il ne renonce ni à ses mœurs ni à ses usages. La mode peut l'éblouir, mais ce sont les vieilles coutumes qui le gouvernent. La Révolution a prouvé cette vérité; il a fallu employer la terreur pour lui faire adopter des institutions nouvelles, mais toutes les fois qu'il a fallu revenir aux formes anciennes, il a laissé faire.

Ce n'étoit pas seulement une erreur grossière, mais une grande injure faite à la Nation, que de vouloir faire croire qu'elle étoit née d'hier, et qu'elle devoit oublier toutes les institutions qui nous avoient précédés. On a voulu nous faire rougir de ce qui a fait longtemps notre gloire, nous faire décrier ce qui faisoit l'admiration de l'Europe, nous effrayer de ce qui faisoit notre sécurité; ceux qui ont voulu remplacer les institutions par des systêmes, ont eu sans doute de bonnes intentions, mais ils ont dû voir qu'en politique, la pratique vaut mieux que la théorie, et que ce qui est consacré vaut toujours mieux que ce que l'on invente. Il est des principes que la Révolution a voulu détruire, et qui ne sont que mieux démontrés; elle a été pour nous un cours de politique expérimentale, et si nous ne profitons pas de ses leçons, elle ne manquera pas de les renouveler.

M. L***.

FIN.

www.ingramcontent.com/pod-product-compliance
Ingram Content Group UK Ltd.
Pitfield, Milton Keynes, MK11 3LW, UK
UKHW021927190726
13853UKWH00002B/906